KLARTEXT

Hans Blossey

GELSENKIRCHEN

VON OBEN

Die schönsten Luftbilder der Stadt

Fotojournalist und Pilot Hans Blossey mit seinem Reisemotorsegler Dimona H36.
Foto: Peter von Felbert

HANS BLOSSEY

1952 in Essen geboren. Fotovolontariat bei der Westdeutschen Allgemeinen Zeitung in Essen, Arbeit als Bildredakteur im gesamten Ruhrgebiet. 1991 Wechsel in die Zentral-Redaktion der WAZ und zehn Jahre lang verantwortlicher Fotograf für die Seite Eins- und die Reportage-Redaktion. 2009 Selbständigkeit als journalistischer und gewerblicher Luftbildfotograf. Seit 1983 mit drei Fluglizenzen und seit 1988 mit dem eigenen Flugzeug unterwegs.Sein Luftbildarchiv zählt mittlerweile 250.000 Aufnahmen und wird vervollständigt durch internationale Reisefotografie.

Hans Blossey ist darüber hinaus Mitglied in der Fotografenvereinigung freelens/Hamburg und Dozent an der Essener Medienakademie Ruhr im Bereich Fotojournalismus.

www.luftbild-blossey.de

Bibliografische Information der Deutschen Nationalbibliothek
Die Deutsche Nationalbibliothek verzeichnet diese Publikation in der Deutschen Nationalbibliografie; detaillierte bibliografische Daten sind im Internet über http://dnb.dnb.de abrufbar.

IMPRESSUM

1. Auflage Oktober 2019
Satz und Gestaltung: Achim Nöllenheidt
Umschlagfotos: Hans Blossey
Umschlaggestaltung: Ina Zimmermann
Druck und Bindung: Multiprint GmbH, Kostinbrod 2230, Slavianska Str. 10 A, Bulgarien

ISBN 978-3-8375-2122-1

KLARTEXT

Jakob Funke Medien Beteiligungs GmbH & Co. KG
Jakob-Funke-Platz 1, 45127 Essen
info@klartext-verlag.de, www.klartext-verlag.de

INHALT

VORWORT

Hans Blosseys faszinierende Luftbilder nehmen uns mit auf eine spannende Reise durch Gelsenkirchen. Grandiose Ausblicke ermöglichen völlig neue, ungeahnte Sichtweisen und laden zum (Wieder-)Entdecken einer vielseitigen Stadt ein.

Über und unter den Wolken gelingen Blossey Aufnahmen, die durch die Ausweitung des Blickwinkels spannende Perspektiven eröffnen. Seine Fotografien bieten ein doppeltes sinnliches Vergnügen, weil sie erhabene Übersichten mit einem überwältigenden Detailreichtum vereinen.

Von Schloss Berge und Schloss Horst über die Halden Rheinelbe und Rungenberg bis zur Schalke-Hochburg Veltins-Arena, vom Nordsternpark mit dem Amphitheater am Rhein-Herne-Kanal zum Hans-Sachs-Haus über den Revierpark Nienhausen bis zum kultur.gebiet CONSOL – die aus der Vogelperspektive beobachteten Architekturen der Stadt- und Naturräume faszinieren zudem durch ihre Formen und Farben.

So entwickeln Blosseys Fotografien über das bloße Abbild hinaus einen künstlerischen Perspektivwechsel, der Lust darauf macht, die Stadt Gelsenkirchen auf jeder Seite neu zu erleben.

Achim Nöllenheidt

NORDSTERN

ANSICHTEN

Der Nordsternpark auf dem Areal der ehemaligen Zeche Nordstern

Eines der schönsten Fußballstadien Deutschlands: die Veltins-Arena des FC Schalke 04

Die Gelsenkirchener Innenstadt mit dem Hans-Sachs-Haus, dem Heinrich-König-Platz und der Propsteipfarrei St. Augustinus

Stimmungsvolle Aufführungsstätte am Rhein-Herne-Kanal: das Amphitheater

VELTINS

Besondere Landmarke:
die Halde Rungenberg
mit Kunstinstallation

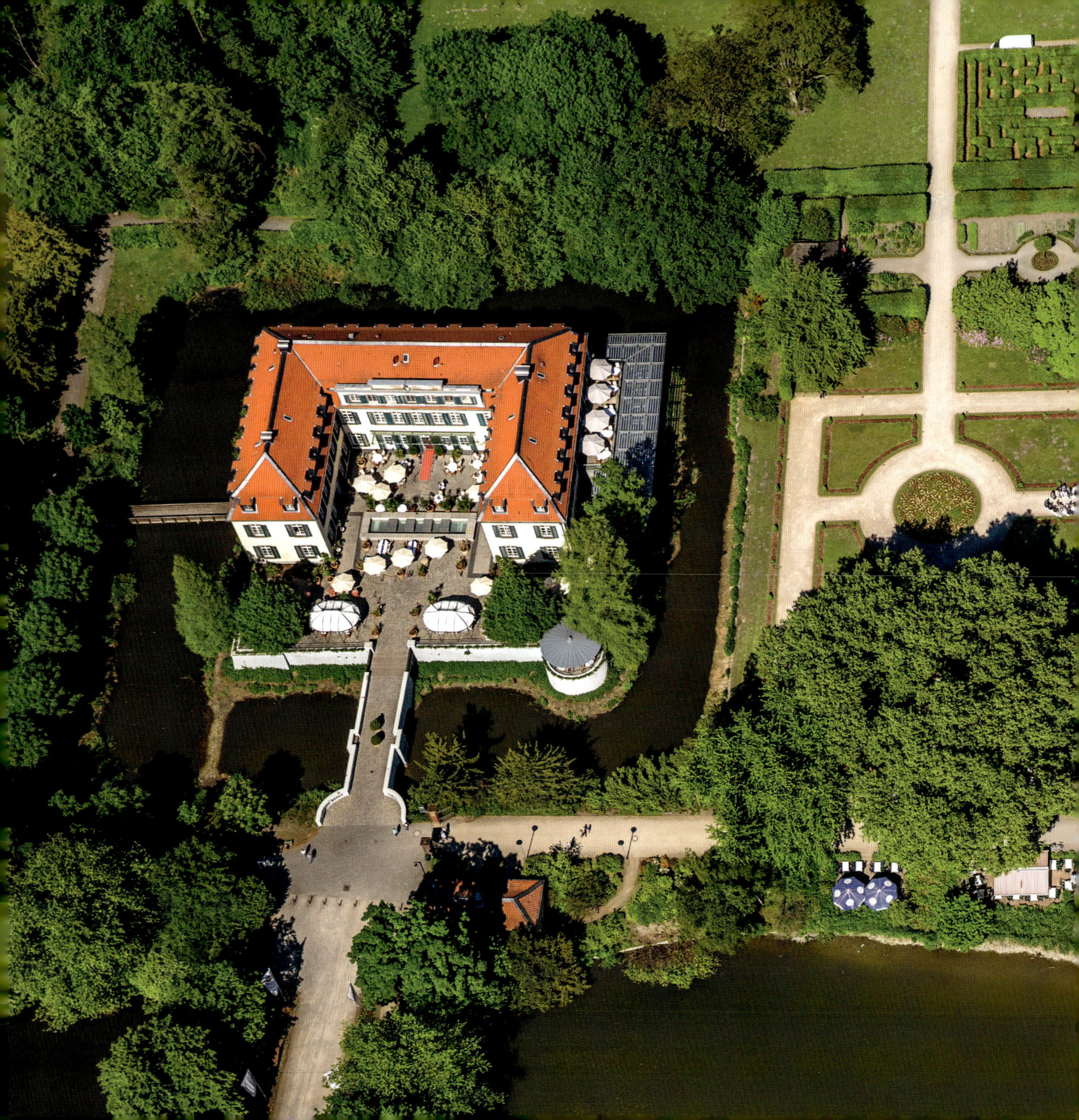

Imposanter Ausflugsort:
Schloss Berge mit Park

Überregional bekannter Kulturtempel: das Musiktheater im Revier

FREIHEIT LEBEN
FURCHT BESIEGEN
FRIEDEN WAHREN

| Blick auf die Innenstadt

Bild nachfolgende Doppelseite:
Die ZOOM Erlebniswelt zieht ganzjährig ein großes Publikum an

Momentaufnahme von der Trabrennbahn im GelsenTrabPark

Die Halde Rheinelbe mit der Himmelstreppe, einem Kunstwerk von Herman Prigann

Bild nachfolgende Doppelseite: Technologiepark und Business-Center – der Wissenschaftspark Gelsenkirchen

Doppelbogenbrücke über dem
Rhein-Herne-Kanal am Nordsternpark

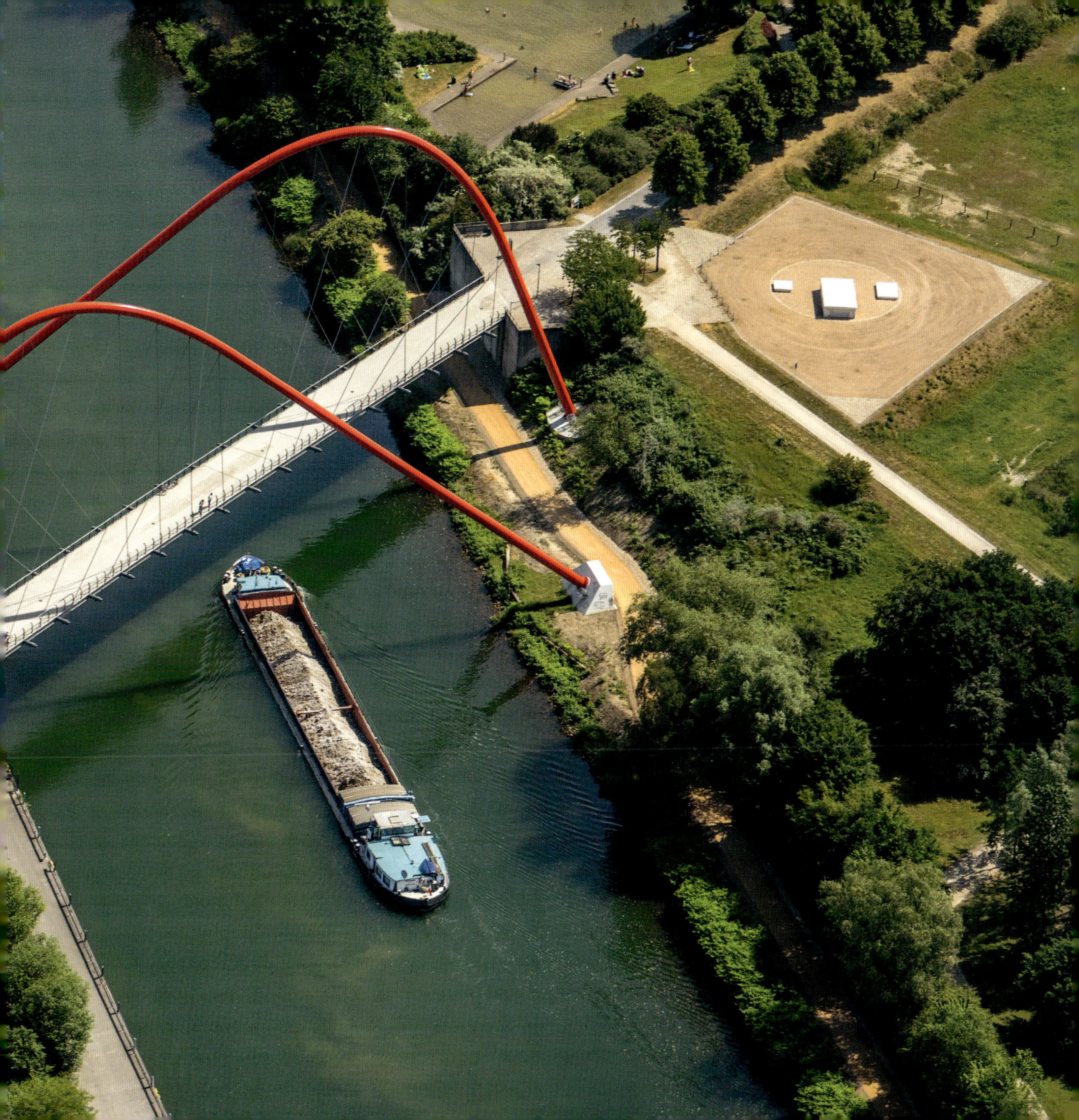

Dramatische Kulisse:
Die Uniper Kraftwerke GmbH in Scholven

Grüne Oase in Citynähe:
der Stadtgarten

IM & AM WASSER

Die Hafenbrücke Graf Bismarck
hat eine Länge von 141 Metern

Bild links:
Die Emscher
im Abendlicht

Schleuse Gelsenkirchen
am Rhein-Herne-Kanal

Das Hafenbecken der Marina Graf Bismarck am Rhein-Herne-Kanal (links);
Berger See mit Schloss Berge

| Blick auf die Emscherinsel

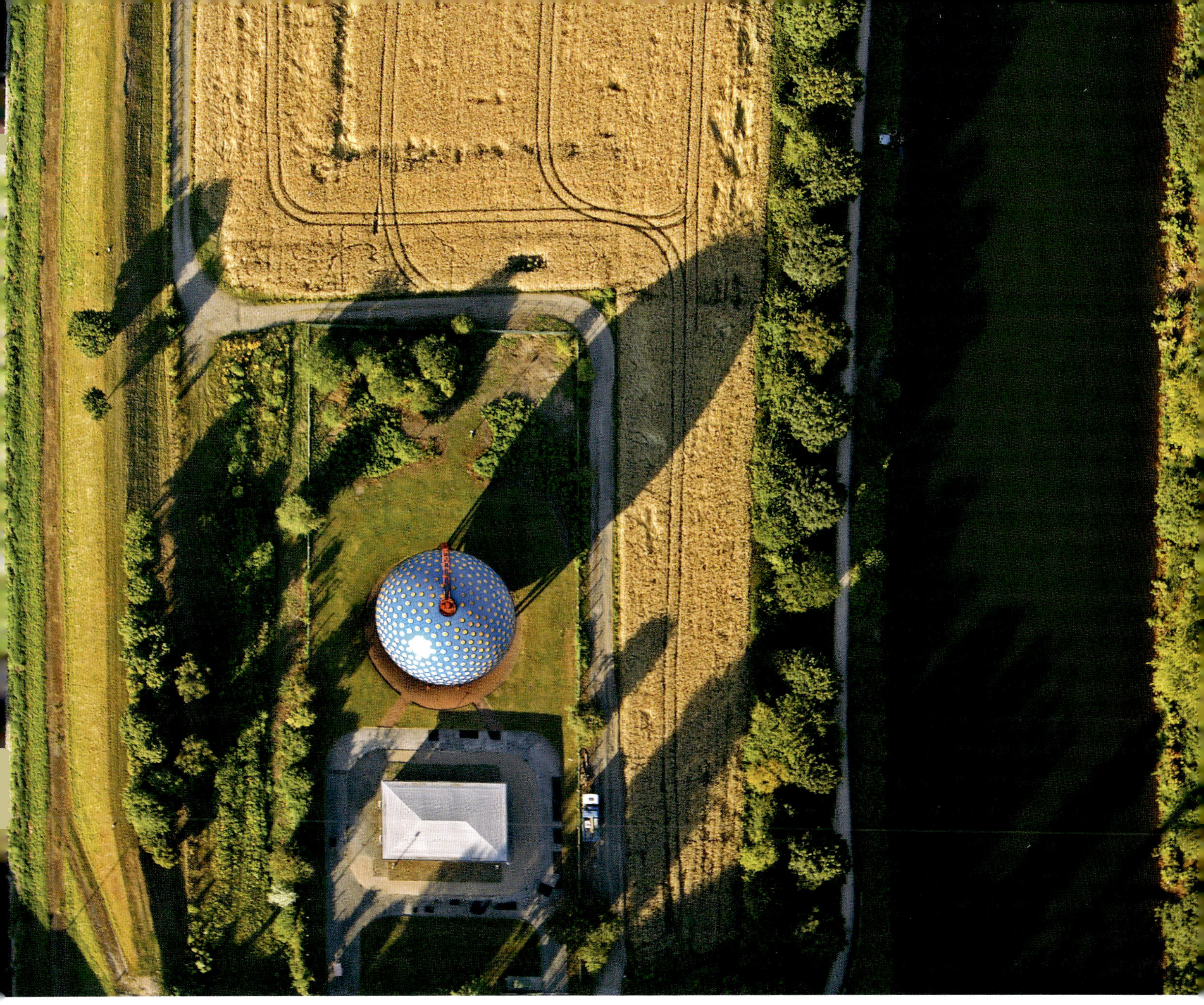

Kugelgasbehälter des Künstlers Rolf Glasmeier am Rhein-Herne-Kanal

Der Stadthafen Gelsenkirchen mit Gewerbegebiet und der Hafenmund-Brücke am Rhein-Herne-Kanal

Rapphofs Mühlenbach (links); das Amphitheater Gelsenkirchen am Rhein-Herne-Kanal während eines Festivals

| Freibad am Jahnstadion

| Sport- und Gesundheitszentrum im Revierpark Nienhausen

Badespaß im Sport- und Gesundheitszentrum des Revierparks Nienhausen (links); Poolidylle am Schwarzmühlenbach

STADTLEBEN

Nachtansicht der Innenstadt |

| Blick von Nordwesten auf die Stadtmitte Gelsenkirchen

Eiscafé auf der Bahnhofstraße

| Musiktheater im Revier

Der „Heinrich“ mit der Propsteipfarrei St. Augustinus und der Bahnhofstraße

Ehemalige Hauptpost,
heute das Amtsgebäude des
Verwaltungsgerichts

Das Hans-Sachs-Haus fungiert als Rathaus

GelsenTrabPark (ganz oben); Windhundrennbahn Emscherbruch (oben); Golfclub Schloss Horst auf der ehemaligen Rennbahn Horst

Verwaltung der Uniper Technologies GmbH

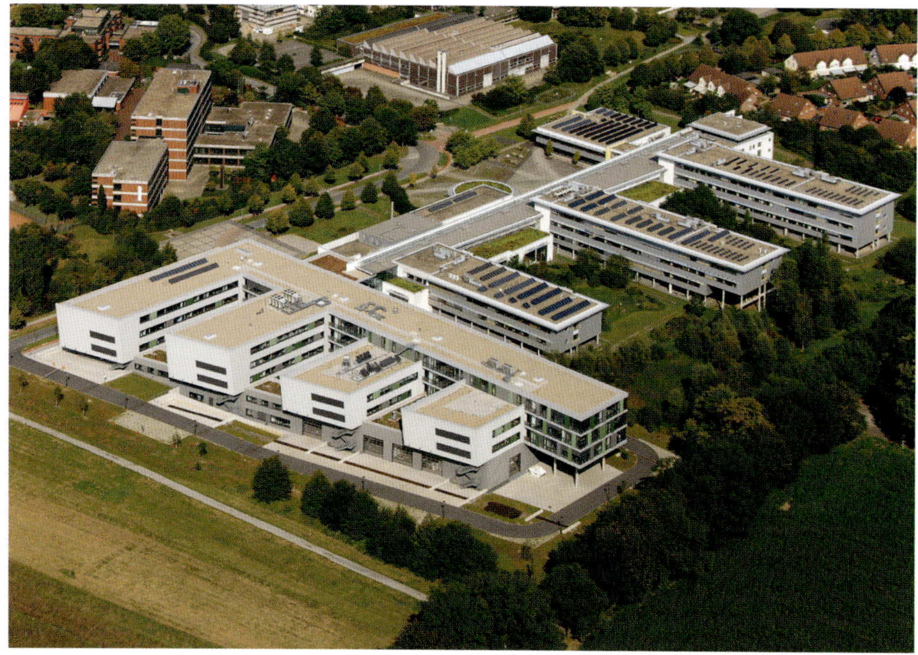

Fachhochschule Gelsenkirchen

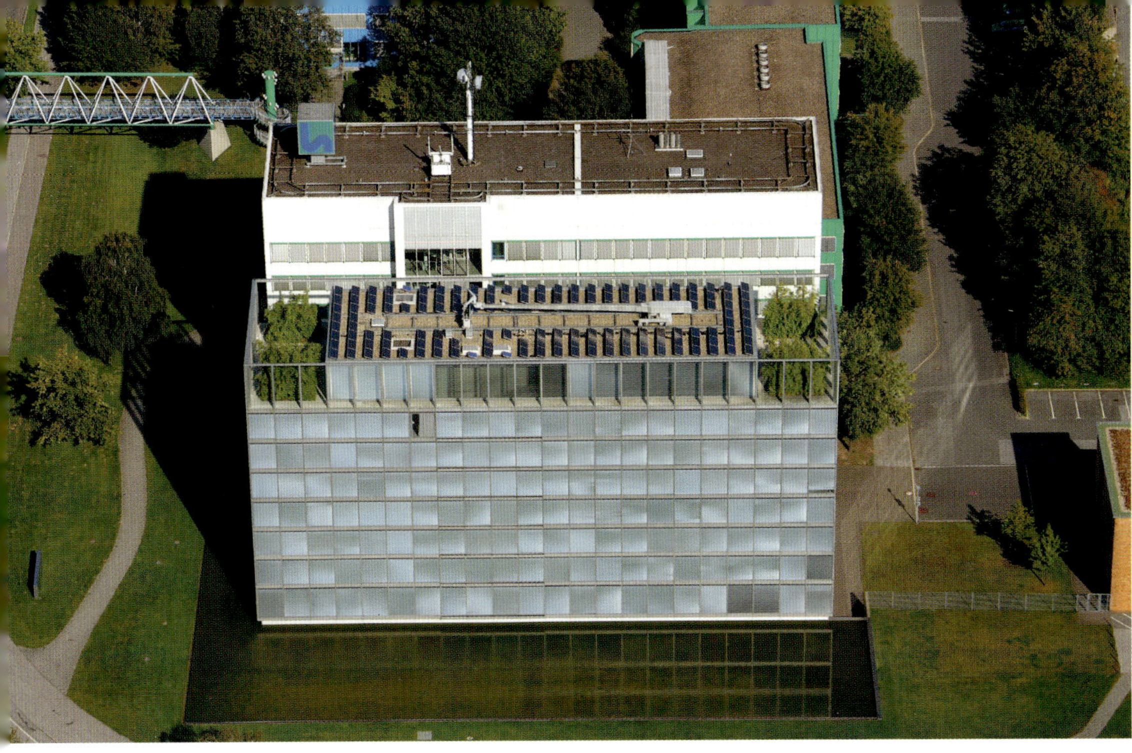

Verwaltung der
Gelsenwasser AG

Maritim-Hotel
am Stadtgarten

Schloss Horst

Schloss Berge (links) und Wasserburg Haus Lüttinghof

Buer-Mitte mit Marktplatz
und der Katholischen
Kirche St. Urbanus

| kultur.gebiet CONSOL, ehemaliger Standort der Zeche Consolidation 3, 4 und 9

Das Gebäudeensemble im Nordsternpark während einer Lasershow beim Festival ExtraSchicht

Die Skulptur „Herkules“ von Markus Lüpertz auf dem Dach der Hauptverwaltung der Vivawest Wohnen GmbH

Cranger Straße mit
Dreifaltigkeitskirche in Erle

Ewaldstraße in Resse (links);
Essener Straße in Horst

GAZPROM
bet-at-home
FC Schalke 04. Wir leben dich

FUSSBALLSTADT

Spieltagsatmosphäre vor einer Bundesligabegegnung, die Veltins-Arena füllt sich

Die Veltins-Arena mit ausgefahrenem Rasen (oben); das Schalker Leitbild „Wir leben dich“ prangt am Eingang (rechts oben); die Mannschaftsbusse des FC Schalke 04 und des FC Bayern München vor dem Stadion

VELTINS ARENA
VELTINS ARENA
Wir leben dich
ELE

VELTINS ARENA
ERGO

| Fans beobachten das Training der Bundesligamannschaft des S04

Die Schalker Geschäftsstelle mitsamt Fanshop (oben); von allen Seiten gut sichtbar: der Schriftzug der Veltins-Arena

| Der Schalke-Friedhof in Beckhausen-Sutum mit dem Fan-Feld in Sichtweite der Veltins-Arena

S04

Die überall zu erlebende Vereinsliebe (links) und die ehrwürdige Glückauf-Kampfbahn, die 1973 zugunsten des damals neuen Parkstadions aufgegeben wurde

WOHNWELTEN

„Einsiedler"-Haus in der Nähe der Veltins-Arena

Neubaugebiet auf dem Areal des ehemaligen Schlachthofs der Firma Vestia in Buer mit denkmalgeschütztem Wasserturm von 1906 (oben); City-Wohnanlage „Weißer Riese"

Stadtquartier am Schloss Horst (links); Wohnkomplex des Stadtquartiers Graf Bismarck am Hafenbecken der Marina Graf Bismarck

Siedlung Küppersbusch auf dem ehemaligen Werksgelände der Firma Küppersbusch (links); historische Zechensiedlung Klappheckenhof

| Wohnidylle in Buer

| Schievenfeld-Siedlung in Erle

Historische Zechensiedlungen in Ückendorf:
Flöz Dickebank (oben) und die Neue Kolonie Alma

Arbeitersiedlung Wallstraße in Horst (oben); Siedlung Nesselrodeweg und Rundsiedlung Bruchwiesenring in Erle

Meistersiedlung der ehemaligen Zeche Westerholt in Hassel (oben);
Solarsiedlung Sonnenhof in Bismarck

FORMEN &
FARBEN
Parklandschaft am Schloss Berge |

Im Park von Schloss Horst wird das Familienwappen der Herren von Horst floristisch dargestellt

Hochzeitsgesellschaft
im Park von
Schloss Berge

Baumreihen
im Nordsternpark

Gelsenkirchen-Emblem und das Zeichen der Bundesgartenschau von 1997 im Nordsternpark

1997 bis 2017
20 Jahre
Nordsternpark

Berger Anlagen
in Buer

Bild rechte Seite:
Blumenbeet mit Emblem
im Rathauspark

| Spielplatz an der Schlossstraße in Horst

| kultur.gebiet CONSOL: Biertische im Außenbereich

Lkw-Stellplätze am
Rasthof Resser Mark

| Ähnliche Form: ein Parkplatz an der Veltins-Arena mit nebenliegender Bergsenkungskuhle

LUFT

Schriftzug auf einem Kornfeld am Mechtenberg an der Stadtgrenze Essen und Gelsenkirchen

Installation im Nordsternpark zur Kulturhauptstadt Europas RUHR.2010 (oben);
B 224, Anschlussstelle Gelsenkirchen-Buer-West/Nordring

| Labyrinth im Schlosspark Berge